ÉTUDE
SUR LE
VITALISME

PAR E. BOUCHUT

PROFESSEUR AGRÉGÉ DE LA FACULTÉ DE MÉDECINE,
MÉDECIN DE L'HÔPITAL DES ENFANTS MALADES,
CHEVALIER DE LA LÉGION-D'HONNEUR, ETC.

PARIS
—
1864

ÉTUDE

SUR

LE VITALISME.

La faveur accordée par l'Académie à quelques travaux récents, relatifs à la solution du problème de la vie, m'a engagé à solliciter l'honneur de lui présenter quelques observations sur ce sujet. Ce n'est qu'un fragment détaché d'une histoire des doctrines médicales professée dans mon cours à l'Ecole pratique, mais comme il renferme une conclusion nouvelle, intermédiaire des données spiritualistes et matérialistes de la vie, j'ai pensé qu'il ne serait pas indigne de l'attention de l'illustre Compagnie qui veut bien m'entendre.

Il y a dans la philosophie des sciences, et particulièrement en médecine, des principes fondamentaux de grandeur et de sécurité dont l'importance n'est jamais mieux comprise qu'au moment où ils s'abîment sous les coups répétés du scepticisme, de la raillerie et de cette critique impuissante qui ne sait que détruire. Qui s'en inspire, marche droit à son but, et qui les néglige, ne tarde pas à trébucher. Ils sont le lien et la force de toutes les parties constitutives de l'ensemble. En dehors de ces principes il n'y a plus que cette anarchie scientifique dont le refuge est l'empirisme. Détruits sous un nom que le temps ou l'habitude ont vieilli ou fait passer de mode, ils ne tardent pas à renaître, et leur utilité les ramène toujours à l'esprit des générations nouvelles.

Le *naturisme* a ainsi laissé derrière lui les germes du *pneu-*

matisme, de l'*archéisme* et de l'*animisme*, qui ne sont au fond que la même idée revêtue d'un costume différent et désigné d'un nom nouveau.

Malgré son retentissement, la doctrine de Stahl n'a jamais pu conquérir tous les suffrages. Les médecins répugnent toujours à considérer l'âme raisonnable et libre, cette lumière de la conscience, et ce principe de toute responsabilité morale, comme l'agent des fonctions vitales inférieures dans ce qu'elles ont de fatal et d'inconscient, comme une substance capable de s'altérer, d'être malade ou fragmentée par un chirurgien.

Les *Petites vies* de Bordeu et sa *Sensibilité générale ou partielle* n'ont pu davantage suffire pour rendre compte de la multiplicité des actes vitaux sympathiquement coordonnés dans un but supérieur de conservation individuelle, et l'animisme abattu, il fallut le relever.

Comme dans les sociétés monarchiques, on entend dire : Le roi est mort, vive le roi! les partisans de la force vitale ne laissent jamais vacant le trône de leur opinion et sous des noms divers lui rendent un perpétuel hommage.

A l'animisme succéda ainsi le *vitalisme* dont Barthez fut le brillant porte-drapeau.

Le nouveau pontife fut-il toujours bien inspiré dans la forme qu'il crut devoir donner au dogme de la puissance vitale? Dans cette métamorphose du naturisme, réussit-il à concilier les droits de la philosophie et de l'observation? C'est ce que je vais rechercher en étudiant son œuvre.

Bordeu, qui n'acceptait pas la personnification de *la nature* des anciens, *des archées* de Van-Helmont ni *de l'âme* de Stahl, croyait cependant à la réalité d'une cause générale des phénomènes vitaux et de la coordination de ces phénomènes pour la conservation de l'être et il en avait chargé la sensibilité. Il admettait une *sensibilité générale* et des *sensibilités propres*, tout autant de sensibilités individuelles, spéciales, et même indépendantes, qu'il y a d'organes et de tissus. C'étaient là pour lui les *forces de la vie,* et il réclama indirectement, mais très-malicieusement contre Barthez lorsque celui-ci commença à parler de son *principe vital.* Il fit remarquer que cette idée avait déjà été lancée en public par un autre, le professeur Fizes, et que Barthez n'avait fait que la reproduire.

« Notre professeur Fizes, dit-il, ne cessait de nous parler du *principe vital.....* Il nous permettait quelques demandes et nous lui en faisions pour nous instruire..... Nous lui demandions pourquoi ce principe créateur de toute action dans le corps, et créateur d'une fièvre quelquefois salutaire, procurait aussi la fièvre destructive de la vie. Nous demandions enfin ce que c'est que ce principe vital qui opère le blanc et le noir, qui préside à ce qui lui est opposé comme à ce qui est nécessaire à son existence? Fizes nous en donnait plusieurs définitions, mais toutes obscures n'apprenant rien..

Le système de Fizes, continue Bordeu, paraissait être dans l'oubli ; le nom du principe vital commençait à vieillir, mais il vient de prendre un nouvel éclat entre les mains d'un de ses successeurs.

M. Barthez, s'élevant bien au-dessus de son devancier, n'a retenu que son expression. Il n'est point mécanicien comme Fizes, mais il le suit dans ce dégoût qu'il avait pour la *nature des anciens,* pour l'*archée,* pour l'*âme* des Stahliens et peut-être pour la *sensibilité* et la *motilité vitale* (c'était la doctrine de Bordeu).

« Ainsi le *principe vital,* continue Bordeu, n'est plus la mécanique du corps dépendant de sa structure ; il n'est point la nature, il n'est point l'âme, la sensibilité de l'élément animal : comment et en quoi en diffère-t-il? Ce sera à MM. Lamure et Venel, et ensuite à M. Fouquet qui s'est déclaré ouvertement pour la *sensibilité*, à éclaircir ce qui peut avoir trait à cette question. Je me contente de les interpeller en passant. Ils diront s'il n'est pas vrai que nous faisons jouer à la *sensibilité* le même rôle qu'on attribue aujourd'hui au principe vital. » (*OEuvres complètes*, p. 971.)

Quoi qu'il en soit, par les développements donnés au sujet, par l'importance de l'argumentation, par le nombre des preuves et même par son titre de : *Nouveaux éléments de la science de l'homme*, Barthez a pour toujours attaché son nom à un des plus grands problèmes de philosophie naturelle qu'il soit donné à l'homme d'aborder. Il l'a fait avec plus de talent que de vérité, car en laissant dans l'ombre certaines difficultés que je signalerai, il lui sera impossible d'arriver à une solution définitive. Malgré tous ses mérites, son travail restera incomplet ou insuffisant, et il faudra que l'idée, mûrie par de plus sérieuses méditations, prenne une forme nouvelle dans le cerveau d'un autre philosophe.

Barthez, fort enthousiaste de Newton dont il admirait et la méthode et les découvertes relatives aux lois de l'attraction planétaire, crut avoir fait, pour la nature de l'homme expliqué par la présence d'un principe vital hypothétique, ce que l'auteur anglais avait réalisé en formulant les lois de la gravitation. Il ne vit point que ce n'était là qu'un mot. Ne voulant pas, comme Fizes ni comme Bordeu, accorder à l'âme la cause de l'action spontanée dans toutes les parties du corps, parce que « la nature et les facultés de cet être n'ont été définies que par des notions purement métaphysiques ou théologiques, » (page 20, tome I) il rapporte les divers mouvements qui s'opèrent dans le corps humain vivant « à deux principes différents dont l'action n'est point mécanique. L'un est l'âme pensante, et l'autre le principe de la vie » (tome I, page 20).

Il appelle principe vital de l'homme la cause qui produit tous les phénomènes de vie dans les corps humains. Le nom de cette cause lui est assez indifférent, et il peut être pris à volonté. S'il préfère celui de principe vital, c'est qu'il présente une idée moins limitée que le nom d'*impetum faciens*, το ενορμων, que lui donnait Hippocrate ou autres noms par lesquels on a désigné la cause des fonctions de la vie (tome I, p. 47). Pour lui, enfin, ce principe est distinct du corps et de l'âme, et l'on ignore s'il est « une substance ou seulement un mode du corps humain vivant » (tome I, p. 61).

Est-ce quelque chose de matériel ou n'est-ce rien de tangible ? Barthez n'en sait rien ; il déclare même ne pas se soucier de résoudre le problème. « Il ne m'importe qu'on attribue ou qu'on refuse une existence particulière et propre à cet être que j'appelle principe vital. » (p. 107). — Il le matérialise à chaque instant, mais dans sa pensée il n'y a rien là qui l'oblige. C'est pour la commodité du langage « dans tout le cours de cet ouvrage, dit-il, je personnifie le principe vital de l'homme pour pouvoir en parler d'une façon plus commode. Cependant comme je ne veux lui attribuer que ce qui résulte immédiatement de l'expérience, rien n'empêchera que dans mes expressions qui présenteront ce principe comme un être distinct de tous les autres et existant par lui-même, on ne substitue la notion abstraite qu'on peut s'en faire comme d'une simple faculté vitale du corps humain qui nous est inconnue dans son essence, mais qui est douée de forces motrices et sensitives » (p. 107). Cette manière de s'exprimer a de graves inconvénients ; elle a occasionné des méprises qui ont beaucoup nui à Barthez. Il faut parler comme on veut être entendu, et quand on professe que le principe vital est affecté de maladies graves (t. II p. 312), qu'il est affaibli, qu'il agit de telle ou telle façon, qu'après la mort il se réunit au principe de l'univers (t. II, p. 339), comment ne pas croire qu'il s'agit d'un être réel plutôt que d'une abstraction ?

A ce principe vital métaphysique, Barthez attribue : 1° *Les forces musculaires et toniques* formant la cohésion des tissus ; 2° *les forces sensitives générales et partielles* étudiées dans les solides et dans les liquides ; 3° *la chaleur vitale*, phénomènes qui ne sont que des propriétés de tissu ou la conséquence d'actions électro-chimiques, et 4° *les sympathies*. Barthez aurait pu lui accorder encore l'établissement des autres fonctions, puisque toutes sont sous la dépendance de la vie, et on ne voit pas comment à côté des facultés motrices, sensitives et calorifiques inhérentes au système nerveux, il ne parle pas des fonctions respiratoires, digestives, sécrétoires, etc., qui constituent l'ensemble de l'être vivant. Si bien inspiré que soit Barthez dans la première idée de son œuvre, corrélative de celle des autres naturistes, il reste trop constamment dans les hauteurs inaccessibles de la spéculation intellectuelle, dans les généralités du mouvement de la vie, et il n'aborde aucune des difficultés pratiques de la question qu'il a voulu résoudre. Ce n'est pas tout de proclamer la qualité du principe de la vie et la nécessité qu'il y a d'admettre chez l'homme un principe vital différent de l'âme raisonnable, consciente et libre, car d'autres l'ont fait ; il faut, pour sortir des voies battues, dire sans équivoque ce qu'est ce principe et si on ne le peut, énoncer au moins les phénomènes ou les lois qui permettent d'en démontrer l'existence. Quand un physicien parle de l'attraction planétaire et de la gravitation, il s'occupe de la nature du phénomène, il le constate, et il en établit les lois d'une façon mathématique par des calculs que chacun peut vérifier. Barthez, qui a voulu imiter la méthode de Newton, et qui semble avoir calqué ses raisonnements sur ceux de l'astronome anglais, constate bien que les phénomènes vitaux, différents de ceux de la matière brute doivent avoir une cause différente, ce que les anciens avaient déjà dit, mais rien n'indique là l'existence d'un principe vital autre que l'âme, et en admettant cette assertion, chacun peut voir qu'il ne s'agit là que d'une hypothèse.

Barthez ne sait en effet quelle est la nature de ce principe ; c'est tantôt une abstraction, l'x des algébristes, et tantôt, au contraire, une substance que modifie l'âge, le climat ou la maladie. De plus si la nature du principe vital est inconnue et aussi peu importante à connaître que celle de la gravitation, les phénomènes au moyen desquels on en découvre l'existence, sont-ils reconnus comme vrais par tous les médecins, les lois de son exercice sont-elles enfin révélées ? Non. Barthez ne fait connaître aucune des lois de la vie, aucun de ses attributs, et les phénomènes sur lesquels il appuie son hypothèse sont l'existence des forces motrices, des forces sensitives, de la chaleur animale et des sympathies. Or de ces quatre phénomènes les trois premiers dépendent entièrement de certaines propriétés de tissu, sont des fonctions du système nerveux, du système musculaire, de l'absorption d'oxygène au poumon et dans les tissus, et à cet égard les fonctions glandulaires, digestives, etc., pourraient être invoquées au même titre comme une preuve de l'existence du principe vital. Il est évident qu'il n'y a pas là autre chose que des manifestations de la vie organisée, et ces phénomènes n'ont pas le caractère de lois comparables à celles qui nous font admettre une force de gravitation.

Quant à la sympathie, c'est peut-être le seul phénomène qui par ses allures échappe un peu à la localisation des propriétés de tissus et qu'il faille considérer comme un attribut de la vie ; encore doit-on reconnaître que dans beaucoup de cas c'est une manifestation du système nerveux. Barthez n'a donc apporté à l'appui de son hypothèse du principe vital aucun phénomène nouveau, ni formulé aucune loi qui la convertisse en fait général de physiologie. Il n'a popularisé qu'un mot en le substituant à ceux qui avaient cours sur la même idée. C'est aussi l'opinion de Cuvier qui a dit à cette occasion : « Son principe vital qui n'est ni matériel, ni mécanique, ni intelligent, est précisément ce qu'il fallait expliquer. Dire que le phénomène de la contraction musculaire est un effet du principe vital, que la sensibilité est un autre produit de ce même principe, c'est énumérer des phénomènes, mais ce n'est pas les expliquer. Barthez attribue au principe vital ces phénomènes, et il croit avoir répandu sur eux une grande lumière, tandis qu'il n'a fait que les énoncer en d'autres termes. »

Tant que les philosophes ne sortiront pas du vague et des généralités de la question, il sera impossible que la doctrine du principe vital puisse rallier à elle tous les médecins désireux de voir les principes généraux de la science s'accorder avec les exigences de l'observation. Que m'importe le principe vital, dit l'un? En quoi peut-il modifier les pratiques de l'art, dit l'autre? et tous les deux se déclarent ennemis des principes abstraits dont les lois sont inconnues et qui restent par cela même sans application. En effet, le principe vital compris à la façon de Barthez, n'est qu'une occasion de vaines discussions métaphysiques sur l'unité ou la dualité du principe de la vie. N'y a-t-il qu'un principe immatériel de la vie, dont les forces différentes président à la raison, à la conscience, à la sensibilité et aux opérations vitales nécessaires à la conservation de l'être, comme le croient la plupart des médecins de Paris qui accordent aux propriétés des humeurs, des tissus et des organes une action autocratique réelle? En existe-t-il deux également intelligents de leur fin, l'un pour la raison, la volonté, la conscience et la responsabilité morale; l'autre, au contraire, pour la vie et la responsabilité de l'être physique, tous les deux immatériels et impérissables, le premier sensible et libre, l'autre inconscient et l'esclave des propriétés physiques de la matière introduite dans le corps vivant ou des propriétés vitales des tissus; celui-ci enfermé dans le corps comme dans une boîte sans s'occuper de ce qui s'y passe, l'autre étant la fatalité de l'être pour son développement matériel et pour sa conservation limitée? C'est ce que Barthez ne démontre pas. Il affirme qu'il en doit être ainsi parce que dans sa pensée les phénomènes de la vie indiquent une cause spéciale, mais cette raison également invoquée par les naturistes et les animistes, est tout aussi probante pour la doctrine de la *nature* ou de l'*âme* présidant à la vie que pour la doctrine du principe vital. A cet égard les raisons de Barthez ne sont pas valables. Ce qu'il eût fallu démontrer par un grand renfort de bonnes preuves, c'est la différence des deux principes immatériels constituant la nature de l'homme, l'*âme* d'abord, le *principe vital* ensuite, *cette âme de seconde majesté*, comme l'appelle si poétiquement le professeur Lordat. Or, Barthez a évité la difficulté en la supprimant ou en laissant à ses successeurs et à ses adeptes le soin de la résoudre. C'est là l'écueil *du vitalisme* auquel il a attaché son nom, écueil dangereux où trébuche l'observation et où la raison vient se briser au détriment de la doctrine. M. Bouillier qui tout récemment a repris la question dans le même sens que Stahl (*De l'unité de l'âme pensante et du principe vital*), l'a surabondamment démontré. C'est l'âme qui est le principe de la vie; il n'est pas besoin d'en admettre deux, car ce que fait la seconde peut être réalisée par la première, et l'existence d'un second principe immatériel, non mécanique, ayant pour attributs la formation et la direction des organes, ne se comprend pas.

En effet, il n'y a au-dessous de l'âme, et à son service, qu'un agent subalterne des forces conservatrices de l'être désigné par ces mots : *force vitale*, ou mieux *agent vital*, et s'il y a un principe de vie distinct de l'organisation, auquel on doive rattacher certains phénomènes du développement des êtres, ce principe qui devient le mobile de la matière vivante au point de l'attirer et de la faire tourner fatalement dans un cycle déterminé, me semble parfaitement saisissable. C'est une substance matérielle qui, par son mélange au germe, devient l'essence et le principe de conservation des organes vivants; c'est, au service de l'âme maîtresse, un élément qui renferme tous les autres en puissance, mais au moins dans cet agent physique, une fois démontré, nous retrouvons la raison d'être de toutes les maladies innées, du plus grand nombre des maladies accidentelles et de tous les phénomènes physiologiques connus. Ce n'est plus le vague et l'incertitude de la doctrine hypothétique de Barthez condamnée par la raison, c'est quelque chose de précis comme l'expérience raisonnée, et chacun peut se convaincre de la vérité du fait par des observations nouvelles. En effet, comme nous nous l'avons démontré dans notre livre de *la vie et de ses attributs*, où déjà nous avons combattu l'idée d'un principe vital, immatériel et abstrait, c'est-à-dire d'une seconde âme, il est indispensable d'admettre l'existence d'une force vitale indépendante des organes et des propriétés organiques, force vitale dont nous avons laissé pressentir l'origine et la nature en la considérant comme l'effet d'un *ferment* physiologique propre à chaque espèce, à chaque individu, et dont le rôle serait de mouvoir la matière dans un certain ordre commandé par la nature des espèces (1), des races et des personnes. Si, comme nous nous proposons de le faire connaître, c'est là le premier agent des organes de la vie puisqu'il commande à tous les autres, et qu'il est destiné à les former bons ou mauvais selon sa nature et sa provenance, il est évident que c'est là un principe de vie avec lequel la philosophie et la médecine doivent compter. C'est en dehors de l'âme immatérielle et libre, seule origine de la vie, une théorie nouvelle dont la base serait l'existence d'un principe de vie matériel susceptible de modification, et par cela même tombant sous l'analyse. Aux métaphysiciens laissons donc l'étude de l'âme et de ses différentes facultés; ne gardons pour nous, médecins philosophes, avec l'affirmation de ce principe, que

(1) Les *ferments*, qu'on fait dériver du mot *fervere* (bouillir), viennent plutôt de *ferre* (porter) et de *mens* (esprit); ce sont des substances organiques vivantes constituant des organismes inférieurs, lesquels se reproduisent en nombre incalculable, en absorbant certains éléments des corps avec lesquels ils sont en contact, de façon à engendrer des produits nouveaux très-divers.

Ils absorbent de l'oxygène, exhalent de l'acide carbonique et produisent de la chaleur. Sans une certaine température et une certaine humidité, ils n'agissent pas. Le froid paralyse leur action ainsi que les poisons et particulièrement l'acide phénique, le soufre, etc. Ce sont eux qui mettent la matière organique en mouvement pour la décomposer, afin de se reproduire ou pour l'attirer dans des combinaisons nouvelles appartenant à des êtres d'une organisation plus compliquée. Leur forme est invariable et même dans les êtres dont ils favorisent la formation, ils se reproduisent au bout d'un temps quelquefois très-long sous la forme qui leur est propre. Tous les infusoires, tous les pollens, tous les spermatozoaires sont des ferments qui, étant placés en condition convenable, présentent les propriétés que nous venons de faire connaître et se reproduisent pour recommencer la série des phénomènes qui leur a donné naissance.

l'étude de l'*agent vital* qui lui est subordonné pour créer les tissus, les organes et tout l'ensemble de l'être dont les fonctions résultent ensuite de l'ensemble des propriétés organiques.

C'est un sujet sur lequel je me propose de revenir, lorsqu'après avoir exposé les bases de l'anatomisme et de l'organicisme, et ayant achevé l'histoire de toutes les doctrines médicales, je dirai ma pensée sur l'inconvénient des systèmes absolus qui n'envisagent qu'une seule des faces de la nature humaine; mais pour l'instant il m'est impossible de ne pas en dire quelques mots pour montrer le défaut capital de la doctrine de Barthez.

Toute doctrine qui ne s'appuie que sur un des éléments de la nature de l'homme, si elle est vraie par un de ses côtés, est nécessairement fausse par ce qui lui manque des autres. A force de ne vouloir tenir compte, les uns que de l'âme à la fois chargée des fonctions morales et des opérations matérielles de la vie, les autres que de la *nature*, du *pneuma*, de l'*archée*, de la *sensibilité générale*, du *principe vital*, etc., les autres enfin que des organes et de leurs propriétés, les médecins n'ont édifié que des systèmes sans valeur et sans durée, plaçant l'observateur devant un homme de fantaisie qui n'est point dans la nature. Il n'y a de vraie doctrine médicale que celle qui tient compte des trois éléments constitutifs de l'homme, l'*âme*, le *ferment séminal* et l'*organisation* avec ses propriétés de tissu.

Il est bien évident que l'organisation et le mécanisme de l'être vivant ne rendent pas compte de la vie, de son origine, de son développement, de ses modifications et de la spontanéité qui préside à la conservation des individus ou des espèces.

Les plus illustres de nos maîtres l'ont reconnu. Dans le passé ce fut la doctrine d'Hippocrate, d'Arétée, de Galien, et dans les temps modernes nous voyons que Paracelse, Van-Helmont, Stahl, Fizes, Bordeu, Barthez, etc., se sont faits les défenseurs de cette opinion qui a pour elle le double appui de la raison et de l'expérience. Stahl est, entre tous, le médecin qui a le plus contribué à la propagation de cette vérité au profit de l'animisme, et il faut bien dire qu'il a grandement réussi. Non, l'organisation n'explique pas les fonctions de la vie, car l'organisation ne crée pas plus les fonctions qu'elles ne crée les organes ; c'est au contraire la fonction à remplir qui forme les tissus dont l'assemblage constitue les organes appelés à fonctionner de telle ou telle manière, qui les maintient pendant la durée des êtres, et c'est le but à réaliser qui fait la différence des organisations. Celui qui n'a pas étudié l'embryogénie et qui envisage l'homme tout développé pour en découvrir la nature, ne la connaîtra jamais. En effet, dans l'homme la vie est tellement sous la dépendance de l'intégrité des principaux organes, qu'une atteinte sérieuse portée à l'un d'eux, entraîne promptement la mort, et il est facile de croire alors que ce sont les organes qui font la vie. Il n'y a cependant là que des apparences trompeuses et, ici comme partout, le témoignage des sens a besoin d'être rectifié par la raison. Une fois développés, les organes, sans doute, remplissent certaines fonctions, et il est bien évident que de leur intégrité dépend la régularité de l'exercice fonctionnel. Mais si par l'embryogénie on recherche la cause du développement des organes, de leur conservation à travers la rénovation continuelle de leur substance par la nutrition de leur métamorphose, on s'aperçoit bien vite que ces phénomènes ne sont plus la conséquence de l'organisation ; qu'avant eux, il y a quelque chose pour les entretenir, enfin qu'ils sont l'effet d'une cause extérieure, produisant par eux la vie telle que nous l'observons. Ce quelque chose extérieur, incorporé au germe pour faire et pour maintenir l'organisation, c'est-à-dire le mécanisme de la vie, durant autant que l'être lui-même, à l'état de combinaison ou de dilution intime dans tous les tissus, c'est le *ferment séminal*, et la vie dure autant que son action qui s'épuise avec l'âge ou qui ne s'interrompt que par des circonstances accidentelles. A cet agent qui attire la matière vivante extérieure dans le cycle vital de chaque individu se rapporte ce que l'on a dit de la nature de l'archée, de l'âme, et enfin du principe vital.

Recherchons donc maintenant, par des observations exactes, et nous les empruntons pour la plupart à notre livre : *de la vie et de ses attributs*, quelles sont les preuves à l'appui de cette doctrine. Nous les exposerons ainsi qu'il suit :

1° *Les organes ne créant pas les fonctions, tandis qu'au contraire les fonctions à remplir créant les organes, et maintenant la forme des êtres conformément au type de l'espèce il en résulte qu'un agent vital étranger dirige le mouvement de la matière vivante.*

2° *Les attributs de la vie n'étant pas en rapport avec la structure des parties, puisqu'ils existent en dehors de toute organisation, ces attributs dépendent d'un agent vital combiné avec la matière organisée.*

3° *La vie étant la conséquence d'un agent vital formant l'organisation qui lui devient nécessaire pour fonctionner, selon le type de l'espèce, quelle est la nature de cet agent, et peut-on le considérer comme un ferment séminal ?*

I

Les organes ne créant pas les fonctions, tandis qu'au contraire les fonctions créant les organes et maintenant la forme des êtres selon le type des espèces, il en résulte qu'un agent vital étranger dirige le mouvement de la matière vivante.

Burdach a dit : « L'idée de la fonction crée son organe pour se réaliser. » Il avait raison ; en effet ce sont les fonctions que l'être vivant est appelé à remplir qui créent la forme, ainsi que les organes dont il sera pourvu. L'œuf, l'ovule, le germe n'ont pas d'organisation déterminée ; ce sont des cellules remplies de granulations nageant au sein d'une matière amorphe et destinées à pourrir si le contact du ferment séminal n'arrête cette décomposition, et ne met leur matière en mouvement pour réaliser la forme d'un nouvel être (1). Ils n'ont pas de structure appréciable. On n'y trouve pas de tissus ni d'organes susceptibles d'expliquer leur sensibilité inconsciente, que j'appelle l'*impressibilité*, ni leurs mouvements. A peine ont-ils été fécondés et placés dans des conditions convenables qu'ils attirent à eux de l'oxygène et qu'ils rejettent de l'acide carbonique ; leur température s'élève ; des mouvements s'accomplissent au sein de leur matière amorphe et ils commencent à faire les tissus, d'où sortiront les organes de la vie future et indépendante. Les rudiments du centre nerveux rachidien apparaissent ; du sang se forme et circule sans les vaisseaux et sans le cœur qui ne viennent qu'après ; les viscères se dessinent puis les membres, et enfin l'être est graduellement formé. Il a respiré sans poumons, puisqu'il a absorbé l'oxygène, rejeté l'acide carbonique et fait de la chaleur avant d'avoir ces organes ; il a ressenti les impressions extérieures avant d'avoir de cordons nerveux de sensibilité ; sa matière s'est agitée avant

(1) Les ovules et les germes sont des cellules empruntant à l'être d'où ils proviennent *un atome du ferment* par lequel il vit, qui est dilué dans toute sa substance et qui se trouve incorporé à toutes les cellules qui en sortent. Chaque cellule est vivante ; elle constitue un petit organisme complémentaire du grand, et à ce titre celle du germe jouit de la vie éphémère commune en attendant la vie propre qu'elle recevra dans la fécondation. En elle repose une quantité infinitésimale d'agent vital, ce qu'il faut pour lui donner non-seulement la forme et les diathèses de la mère, mais encore les diathèses et la forme d'un aïeul dont les éléments étaient restés en puissance dans l'organisation maternelle.

d'avoir des organes de mouvement, et du sang a pu se former et courir avant d'avoir des vaisseaux ni de cœur pour agent d'impulsion. L'impressibilité, le mouvement, la respiration, la circulation, etc., précèdent donc les organes par lesquels ces fonctions s'exécutent chez l'être adulte, et ce sont ces fonctions, c'est-à-dire la nécessité du but à remplir qui ont graduellement formé les organes. En voici de nouvelles preuves empruntées à l'étude des animaux.

L'*Hydre d'eau douce*, sorte de petit sac garni de tentacules, étant retournée comme un doigt de gant, digère par sa peau devenue intérieure, et respire au contraire par sa surface interne, jadis chargée de la digestion, mais par violence convertie en surface extérieure téguimentaire.

Quand cette *Hydre d'eau douce* est coupée en morceaux, chaque fragment possède tous les éléments de la vie, car il réforme graduellement autant de polypes complets qu'il y avait eu de divisions. N'y a-t-il pas là dans cette reproduction d'un être par un seul de ses fragments la preuve des efforts d'un agent vital distinct de son organisation diluée dans sa substance et d'une de ses parties créant un nouvel être comme il l'avait déjà fait avec son germe primitif.

Dans la section en deux morceaux d'une *Planaire*, la tête reproduit l'estomac et le tronc qui contient l'estomac de son côté, reconstruit la tête, etc. L'on a bientôt deux planaires.

Dans les fausses membranes des séreuses enflammées qui s'organisent ou se font des vaisseaux capillaires, c'est le globule sanguin qui paraît le premier, qui crée des lacunes, et les lacunes à leur tour se convertissent en vaisseaux.

Enfin la structure d'un organe peut varier sans que la fonction cesse de s'accomplir. Ainsi la *respiration* se fait chez l'homme et chez les êtres vivants par des organes de structure essentiellement différente et tellement dissemblable qu'on ne saurait *à priori* reconnaître leurs usages.

L'homme respire par des poumons, les poissons par des branchies, les insectes par des trachées, les végétaux par les feuilles ; enfin chez les mollusques et les infusoires, c'est la peau qui respire, car la fonction respiratoire n'a plus d'organe spécial. La *circulation* se fait par des vaisseaux renforcés d'un cœur contractile, ou par des vaisseaux sans l'auxiliaire d'un cœur, ou enfin par des lacunes sans vaisseaux. La *sensibilité* s'exerce avec des nerfs ou avec des centres nerveux, ou enfin sans le secours de ces organes. Le *mouvement* se réalise avec des muscles et des fibres contractiles ou sans organes appréciables comme dans la matière amorphe de quelques infusoires et dans les granulations vivantes. Enfin il n'est pas jusqu'à *l'intelligence localisée* dans le cerveau chez les êtres supérieurs qui ne puisse s'exercer sans cet organe et sans tissu nerveux comme on l'observe dans les animaux inférieurs. Chacun sait, en effet, que l'*Hydre d'eau douce* dont on a coupé la partie inférieure du corps, ressemble à un vase sans fond, percé comme le tonneau des Danaïdes ; eh bien ! quand l'animal veut se nourrir d'une mouche, après s'en être emparé avec ses tentacules, il l'introduit dans son sac, mais la voyant sortir par l'autre bout qui est ouvert, il la saisit et l'introduit de nouveau, ce qui est suivi du même résultat ; alors il se fâche, reprend l'insecte, l'introduit et le maintient dans son corps tout le temps nécessaire à la digestion. Si ce n'est pas là raisonner sans cerveau et sentir sans cordon nerveux, qu'est-ce donc autre chose que l'influence de l'agent vital veillant à la conservation de l'être dans lequel il est incorporé.

Des infusoires même entièrement dépourvus de structure, les *paramécies* se font la guerre, s'attaquent, se poursuivent, s'évitent et se rencontrent enfin, pour s'anéantir comme s'ils avaient l'honneur de jouir des bienfaits de la civilisation (Voir : *De la vie et de ses attributs*, p. 123 et suiv).

Il semble donc que la matière vivante puisse penser, sentir, se mouvoir, respirer, etc., sans organes distincts, et qu'il y ait en elle un principe d'action et de vie autre que celui de viscères particuliers, toujours les même et sans cesse en mouvement.

La vie n'est donc pas l'effet d'une organisation dont elle précède et dirige le développement, dont elle fabrique les organes pour les assembler conformément au type de l'espèce, enfin, dont elle renouvelle plusieurs fois l'ensemble en maintenant toujours la forme des êtres. Elle est la première cause physique de ce mécanisme qui, dans l'âge adulte, devra la dominer au point d'en paraître le principe, mais elle en reste aussi distincte que le chauffeur sur la locomotive qui l'emporte et le tue lorsqu'un des rouages du mécanisme vient à se briser. En se combinant à la matière des tissus, l'agent vital ne cesse pas d'être lui-même et d'agir comme chef de la fédération organique, mais les organes, dont l'ensemble constitue le mécanisme vivant, doués de propriétés propres, peuvent à leur tour, par leurs désordres, rompre l'harmonie et produire la destruction du tout.

Ainsi s'explique le rôle réciproque de l'*agent vital* créateur des organes, conservateur de la forme des êtres et du *mécanisme organisé* dont les fonctions entretiennent la durée de l'homme. C'est l'agent qui forme et entretient ce que le mécanisme est ensuite chargé de réaliser.

II

Les attributs de la vie n'étant pas en rapport avec la structure des parties, puisqu'on les observe en dehors de toute organisation, il faut que ces attributs dépendent d'un agent vital combiné avec la matière vivante.

Quand on fait dépendre la vie de l'organisation et qu'on la considère comme un effet du mécanisme vivant, la structure de la substance implique rigoureusement sa fonction et ses attributs, et il y a entre ces deux termes un rapport évident de cause à effet. Mais si l'on considère la vie comme une cause dirigeant la matière organique vers telle ou telle forme d'organisation, la modalité de la vie peut bien varier avec la structure ; mais l'agent vital n'en reste pas moins la cause des métamorphoses successives de l'être, et il a des attributs distincts de la structure des organes. Ainsi en dehors des fonctions dévolues à tel ou tel agencement des tissus et des organes, il y a dans toute matière vivante, quel que soit l'être auquel elle devra appartenir, des attributs vitaux qui n'appartiennent qu'à elle et qui dépendent de la vie. Si ces attributs sont ceux de la matière amorphe où réside l'agent vital, et s'ils existent en dehors de la struture organique, ce que nous allons établir, il est certain qu'il faut les rapporter à l'agent vital lui-même dont ils sont la manifestation personnelle et directe.

Quels sont ces attributs ? Je les ai déjà fait connaître ailleurs (Voir *De la vie et de ses attributs*) ; ce sont : *l'impressibilité*, *l'autocinésie* et la *promorphose*.

1° *Sentir* sans organes de sensibilité, *se mouvoir* sans organes de mouvement, *prendre une forme* particulière en vertu d'une action séminale variable, tels sont les attributs de cette substance qui se combine en se diluant dans la matière des germes pour créer un être temporaire comme cette puissance elle-même. Cette sensibilité tout à fait inconsciente et inhérente à la matière organique, est celle de l'ovule féconde qui commence son évolution et dont l'accroissement moléculaire se fait fatalement par suite d'une affinité vitale incontestable. C'est celle des globules du sang, des cellules qui viennent accroître les organes et remplacer celles qui se détruisent. C'est celle enfin de toutes les parties du corps dépourvues de cordons nerveux et qui ne sont pas moins susceptibles de ressentir les impressions extérieures, de s'enflammer, de se désorganiser et de guérir.

2° *Se mouvoir par soi-même*, sans muscles, ni fibres contractiles apparentes, tel est le second attribut de la matière vivante que Thalès appelait l'*autocinésie*.

N'est-ce pas ce qu'on observe dans la segmentation de l'ovule fécondé et dans la formation des premières cellules embryonnaires, dans le mouvement des granules qui s'associent pour former les noyaux et les parois cellulaires, dans tous les mouvements moléculaires constitutifs des tissus ou des organes, et cela indépendamment des muscles ou des fibres contractiles qui ne sont pas encore formés? N'est-ce pas encore ce qu'apprend l'étude des animaux et des végétaux? Chacun va pouvoir en juger.

L'embryon d'une annelide, *la grande térébelle nébuleuse* qui n'est qu'une masse homogène sans aucun muscle appréciable, se contracte cependant en tous sens, se ramasse en boule et prend toutes les formes.

Les *amibes* semblables à une goutte de vernis vivant sans forme déterminée, glissent en masse sur le porte-objet du microscope en présentant les figures les plus diverses et les plus irrégulières.

Certains *rhizopodes* couverts d'un test forment un corps sans organisation définie, et cependant ils poussent à volonté, sur leur surface, des prolongements qui leur servent de moyen d'appui pour s'élever sur les parois polies d'un verre, et après ils font rentrer cet organe temporaire dans la masse commune où elle se confond comme ferait un filament soulevé au-dessus d'un corps visqueux.

Il semble que la volonté d'agir ait le pouvoir de créer des organes pour l'action, fait qu'on observe aussi d'après M. de Quatrefages dans la *Gromie* et dans la *Milliole*.

Les cellules du *Chara vulgaris*, les granulations du *Pollen*, les spores des *Algues d'eau douce* ; tous les spermatozoaires, les *globules rouges* et les *globules blancs* du sang, etc., malgré leur absence d'organes moteurs, offrent des mouvements corpusculaires et des mouvements d'ensemble extrêmement remarquables, dus à cette force motrice vitale, appelée *autocinésie*. Ici, encore, l'attribut, incarné dans la matière, la dirige pour créer les organes et leurs fonctions. C'est la vie indépendante, non de la matière, mais du mécanisme organisé (1).

3° Enfin *prendre une forme particulière* et tout conduire sciemment d'après une idée préconçue pour réaliser le type des espèces, des races et des variétés selon les différentes actions séminales, voilà le troisième attribut de la vie. Dès l'instant de l'imprégnation, la matière du germe qui va se mouvoir prendra une direction certaine et prévue ; elle construira un type conforme à sa race et à son espèce, et loin d'être asservie à une organisation qui n'existe point, c'es elle qui imposera à l'organisation commençante la marche

---

(1) Le noyau des psorospermes (parasites des poissons) est du volume d'un globule du sang. On le voit se dégager peu à peu à l'aide de mouvements de contraction lents des valves qui le tenaient emprisonné et se mouvoir à la manière des amibes à travers les organes et les tissus avant de reproduire de nouvelles générations de psorospermes.

On trouve ces parasites dans tous les organes des poissons où ils forment des amas plus ou moins volumineux. Ils n'existent pas dans les muscles du tronc et des centres nerveux. Leur siège de prédilection est la rate et les reins. Ils suivent dans leur développement le trajet des ramifications artérielles logées dans des follicules formés aux dépens de la gaine celluleuse des artères.

Balbiani, *Compte-Rendu*, t. LVII, p, 157. — Juillet 1863.

à suivre, les métamorphoses à réaliser, la forme à revêtir et jusqu'à une certaine durée d'existence. Cette force de la forme façonne les tissus et les organes selon son essence, elle ne reçoit rien d'eux et leur donne tout. C'est la vie supérieure à l'organisation, antérieure à ses actes, et distincte du mécanisme organique d'où on voudrait la faire sortir. Qui façonne les tissus? qui forme les organes? qui embellit leur enveloppe? qui maintient le type des êtres à travers la rénovation de leur substance produite par le mouvement d'échange accompli dans l'acte de nutrition moléculaire? qui dirige l'*affinité vitale* et met chaque molécule à sa place ; l'atome musculaire au muscle; l'atome osseux dans l'os ; l'atome nerveux dans le cerveau, etc.? qui conserve l'individu dans la courte durée prévue de son existence fugitive, sinon la *force de la forme*, luttant contre les propriétés de la matière entraînée vers d'autres combinaisons. Toutes les observations attestent l'existence de cette *promorphose*, c'est-à-dire de la force plastique, *nisus formativus* de Blumenbach, force *morpho-plastique* de Flourens ; donc l'action précède au lieu de suivre l'apparition des organes de la vie, et par conséquent démontre la puissance d'un agent vital distinct de l'organisation.

III

La vie étant la conséquence d'un agent vital formant l'organisation pour fonctionner selon le type de l'espèce, quelle est la nature de cet agent, et peut-on le considérer comme un ferment séminal?

Si toutes les observations et toutes les expériences démontrent l'existence d'*un agent vital* doué d'attributs particuliers, distincts des propriétés inhérentes aux organes vivants, agent dont l'action précède et entretient le mécanisme organique qu'il forme de lui-même par degré en s'y associant pour un temps variable, il est impossible de soutenir que la vie soit un résultat de l'organisation. On doit au contraire dire : *La vie est une cause qui crée, conserve et prolonge l'organisation.* Maintenant quelle est la nature de cette force qui entretient et qui perpétue les espèces par des lois invariables. Est-ce *Dieu* lui-même, partout présent et partout actif dans la nature, dont l'intervention directe conduirait par une force invisible ce bouillonnement de la vie sur la mort ? Est-ce la *nature*, en donnant à ce mot le sens que lui donnait Buffon, c'est-à-dire « *l'ensemble des lois voulues par le Créateur pour l'existence des choses et pour la succession des êtres ?* » Est-ce le *Pneuma*, comme le pensait Athénée, c'est-à-dire une sorte d'air ou d'éther parcourant les vaisseaux du corps vivant ? Est-ce une force occulte, dite *Archée*, ayant pour siége principal l'estomac et se divisant entre les principaux organes ? Est-ce *l'âme raisonnable ?* Est-ce enfin le *principe vital*, seconde puissance immatérielle de l'homme n'ayant rien de mécanique, aussi abstraite que l'âme raisonnable, mais destinée aux actions vitales volontaires et involontaires, tandis qu'à celle-ci serait réservé le domaine des choses de l'intelligence, de la volonté, de la conscience, de la morale et de la religiosité ? Nous venons de dire, dans notre critique de Barthez, ce qu'il fallait penser de toutes ces opinions et en ce qui touche le principe vital admis par ce dernier auteur comme une seconde âme dont les attributs n'étaient pas déterminés, nous avons démontré ce qu'il y avait d'inadmissible dans cette hypothèse. Ce n'est plus le moment d'y revenir. Laissant aussi de côté la discussion des autres opinions sur l'intervention directe de Dieu, ou sur le rôle de la nature, de l'archée, de l'âme dans les phénomènes vitaux, puisque nous nous sommes déjà expliqué à cet égard, nous ne dirons plus qu'un mot sur la nature de l'agent vital, instrument de l'âme et dont nous avons prouvé l'existence et démontré les attributs.

Quel est donc cet agent? Nous avons déjà dit qu'il était matériel comme le corps et au service de l'âme à titre d'agent intermédiaire entre ce principe immatériel et l'organisation. A ses actes il sera facile d'en reconnaître la nature. L'observation et l'expérience démontrent qu'il est facile à recueillir, qu'il est *transmissible avec ou sans mélange* de principes étrangers, qu'il se mêle dans un *état de divisibilité infini* au germe et à la matière des êtres de façon à rendre possible la segmentation de la vie, enfin qu'il peut être de qualité variable, produire des êtres débiles, maladifs et chargés de ces *maladies innées*, à échéances variables connues sous le nom de *maladies héréditaires*. A ces caractères tout le monde doit reconnaître l'influence séminale. C'est qu'en effet l'action séminale sur l'ovule et sur la femelle est le principe de tous les phénomènes organiques ultérieurs, de la forme des êtres dans leur type spécifique et dans les modifications qu'il peut subir, des métamorphoses de l'individu, de la disposition de ses organes, du jeu régulier de ses fonctions, de la plupart de ses maladies, de sa longévité, etc. Il y a une dilution complète de la semence dans toutes les parties de l'ovule et la moindre portion en est imprégnée au point que tout ce qui en dérive ou qui en sortira plus tard représentera les qualités ou les altérations de cette semence dont elle conserve pour la vie une quantité infinitésimale.

En laissant donc de côté la question de l'âme raisonnable et des rapports de ce principe immatériel avec le corps, pour ne nous occuper que des phénomènes physiques de la vie chez l'homme, nous voyons qu'un agent spécial et distinct s'incorpore au germe humain pour en diriger la substance et pour faire un mécanisme avec de bons ou mauvais organes, doués de propriétés particulières, susceptibles de réagir sur l'ensemble. Cet agent est la force extrinsèque du germe. A lui de donner l'impulsion vitale, et si cette impulsion est mauvaise, cancéreuse, lymphatique, nerveuse, syphilitique, scrofuleuse, herpétique, dartreuse, épileptique, vésaniaque, etc.; le nouvel être sera la reproduction plus ou moins mitigée du principe qui l'aura lancé dans le monde pour n'y passer qu'un instant et qui l'y fait vivre valétudinaire en reproduisant les vices de sa fatale origine. Si je veux blanchir un nègre ou noircir un blanc, je n'ai pas besoin de recourir à l'intervention de l'âme raisonnable, ni d'un principe vital abstrait que je ne connais pas. Il me suffira d'allier la race nègre à la race blanche ou seulement de constater ce que fait naturellement l'ardeur sensuelle dans les pays où les blancs font de leurs nègres esclaves des instruments de débauche en attendant l'heure d'en faire des instruments de fortune.

Le blanc et le nègre font un 1/2 blanc 1/2 noir.

Le blanc et le mulâtre font un terceron 3/4 blanc 1/4 noir.

Le blanc et le terceron font un quarteron 7/8 blanc 1/8 noir.

Le blanc et le quarteron font un quinteron 15/16 blanc 1/16 noir.

L'action séminale s'est donc chargé de résoudre le problème que j'indiquais ; elle a réussi à faire disparaître le noir par la quantité de blanc qu'elle a incorporé à la substance de l'ovule dans la génération. Ce qu'on voit chez l'homme se reproduit à volonté chez certains animaux pour les caractères extérieurs ou intérieurs du corps. Si je veux rougir la chair d'une truite, je n'ai qu'à féconder artificiellement ses œufs avec le frais du saumon et j'aurais, entre tête et queue, une truite rose complètement saumonée. C'est absolument comme pour la pâte de froment dans laquelle je mets de la levure si je veux faire du pain plus ou moins léger ; tout dépendra de la quantité de levure employée, et le plus petit fragment de ce pain sera de la même nature que le pain dans son entier.

Les phénomènes sont analogues, et cela fait comprendre ce qui se passe dans la formation des diathèses, et des races qu'on modifie à peu près comme on le veut.

Ainsi entre le chacal et le chien plusieurs fois accouplés, après avoir vu le produit être moitié chien, moitié chacal, on fait à volonté disparaître les caractères du chacal ou du chien dans les produits ultérieurs.

Il semble donc que l'agent vital puisse s'incorporer intimement et par dissolution complète dans la nature femelle pour lui donner le mouvement vital et réaliser l'être mixte où paraissent en mélange variable les qualités physiques ou morales des parents.

On pourrait croire par un examen superficiel que l'agent vital sorti de la semence mâle est le seul maître de la génération à venir. L'observation attentive des phénomènes de la nature prouve qu'il n'en est rien. Bien que cet agent soit le moteur, son action est modifiée par la résistance de la matière à mouvoir, c'est-à-dire par les qualités propres des germes relativement à la forme et aux diathèses de la souche femelle. C'est un alliage organique résultant de l'alliance des forces généalogiques, alliage dans lequel se retrouvent les qualités des êtres réunis. Ainsi les germes fécondés par le même individu à des époques différentes de la vie d'une femme, tantôt valide, tantôt maladive, produisent-ils des êtres différents. C'est ce qu'on voit encore sur la descendance (1) d'un homme bien portant qui a eu des enfants de plusieurs femmes.

(1) Le dernier né d'une nombreuse famille est souvent plus délicat que les autres enfants, et quelquefois c'est le seul qui

Ainsi dans l'état morbide, l'exsudat non absorbé d'une inflammation reste-t-il à l'état de tissu fibro-plastique ou devient-il tuberculeux, cancéreux, chondroïde, etc., selon la diathèse de ceux où s'accomplit le phénomène.

Dans un autre ordre d'idées nous voyons quelque chose d'analogue se réaliser, car la même levure fait du pain différent avec la pâte de blé, d'orge, de seigle, de gluten, etc., uniquement à cause des natures différentes de la pâte employée. Chaque substance a ses ferments, et par leur composition différente autant que par la variété de ces ferments, elles donnent lieu à des produits de fermentation variables.

En résumé, si l'agent séminal met la matière des germes en mouvement de façon à reproduire certaines qualités du type femelle, c'est que d'après son origine cette matière où réside le ferment maternel, modifie l'influence mâle et résiste plus ou moins à son action, de manière à faire, selon l'expression de Stahl, le *mixte* des êtres vivants.

Par l'agent vital, se transmettent au nouvel être ou aux générations suivantes des caractères et des modifications physiques que nous allons indiquer et qui révèlent les lois selon lesquelles peut agir le ferment vital. Ce sont : 1° Certaines altérations du sang, d'où résultent le purpurat et l'hemorrhaphilie, la goutte et la pierre, les coliques hépatiques, le rhumatisme, la syphilis et le cancer, la scrofule,

devienne phthisique alors qu'il n'y a eu aucun germe de ce mal chez les parents.

Il semble que la mère, épuisée par de trop nombreuses grossesses, ne puisse plus, à la fin, former de germes d'aussi bonne qualité que les premiers.

Sur ce fait repose l'explication de la débilité des enfants conçus par des parents trop jeunes, trop vieux ou de santé trop délicate.

les tubercules et enfin toutes les diathèses ; 2° Certains modes de développement, la haute ou la petite taille et la puberté tardive ou précoce ; 3° La fécondité exagérée ; 4° Certaines idiosyncrasies ; 5° La durée de la vie ; 6° Certaines monstruosités telles que les doigts surnuméraires, et certains arrêts de développement tels que la diminution du nombre des doigts, l'albinisme, le mélanisme, le bec de lièvre, la claudication, l'ichthyose, l'hypospadias, le tablier des Hottentotes, la queue des niams-niams, les altérations des organes des sens, etc. ; 7° Certaines maladies nerveuses telles que l'hystérie, l'épilepsie, la folie, etc. ; 8° Par cette même puissance, enfin, se font l'imprégnation de l'organisme maternel et la transmission à la mère de certaines dispositions du mari qui se reproduisent, lorsque celle-ci, devenant veuve, se trouve mariée à un autre homme et lui donne des enfants. L'agent vital du premier père, resté en partie dans l'organisation de la mère, continue d'agir en elle et se mêle souvent à la descendance de ceux qui l'ont voulu remplacer.

Des enfants d'un second mariage ressemblent quelquefois au premier mari et peuvent en avoir les difformités, les vices ou les maladies. Pareil phénomène s'observe quelquefois en cas d'adultère, ce qui a fait dire : « *Filium ex adultera excusare matrem à culpa.* » Si on rapproche ces faits de ceux qu'on observe chez les animaux et qu'on peut reproduire à volonté, on verra que la loi est la même pour tous. Ainsi une jument fécondée par un cheval, après l'avoir été précédemment par un *âne* ou par un *zèbre*, donne un produit orné des longues oreilles ou des rayures de son aïeul, et il est certain que l'agent séminal du dernier père n'a fait que mettre en mouvement l'influence de celui qui l'avait précédé et qui avait laissé son empreinte dans le corps de la mère. C'est là un phénomène physique plutôt qu'un fait moral, et la théorie d'un agent vital physique fécondant deux générations successives, est bien plus facile à comprendre que ne serait le miracle de l'action morale exercée sur une jument passionnée par un zèbre vigoureux ou par un âne de grande condition.

L'agent vital qui agit le plus ordinairement sur le germe présent ou actuel qu'il modifie plus ou moins selon les circonstances, agit encore quelquefois sur les germes futurs de l'être qu'il vient d'animer plus directement. Ainsi s'explique l'*atavisme*, c'est-à-dire l'influence séminale de l'aïeul sur ses petits enfants. Un dartreux ou un goutteux, un strabique, un aliéné peuvent ne rien transmettre à leur descendance directe, mais ce sont quelques-uns des petits-enfants qui seront fous, strabiques, atteints de goutte ou de maladies cutanées. Il en est de même de la ressemblance que j'ai vu sauter d'un grand-père à la petite-fille, ou de la couleur, car des enfants blancs peuvent naître de mulâtres ou de nègres ayant eu des blancs parmi leurs aïeux (1).

(1) L'*atavisme* ou hérédité des formes d'un aïeul signalé par Hippocrate, Aristote, Galien, Pline, Plutarque, Zacchias, Cardan, Maupertuis, Vaudermonde, Venette, Roussel, Girou de Buzareingues, Duchesne, Burdach, etc., sur des faits personnels, est, comme l'a dit Montaigne « une de ces estrangetez si incompréhen- « sibles qu'elles surpassent toute la difficulté des miracles. » Le poil chez les animaux, la couleur des cheveux chez l'homme, les taches de naissance, la couleur noire ou blanche de la peau, la taille, la ressemblance, la polydactylie, le bec de lièvre, la claudication, les pieds bots, la surdité, l'héméralopie, etc., ont été constatés comme des vices traversant en puissance une génération pour ne se reproduire qu'à la génération suivante par le fait d'une influence latente de l'aïeul. Il est bien évident, quand on réfléchit à cette « estrangeté miraculeuse » qu'elle ne s'explique que de

Ce qu'on observe rarement chez l'homme se rencontre d'une façon bien plus fréquente chez les insectes sous une autre forme. Ainsi, l'agent séminal du puceron mâle féconde dans le puceron femelle, et pour un an neuf générations de quatre-vingt-dix pucerons femelles à la fois. A la première génération il n'y a que des femelles toutes imprégnées de l'agent vital du mâle, et elles sont fécondées sans nouvel accouplement. Il en est de même à la seconde génération également composée de femelles fécondes, à la troisième, à la quatrième, etc. ; enfin à la neuvième qui a lieu vers l'automne, tout change, il naît des mâles et des femelles. Celles-ci pondent des œufs que fécondent les mâles et qui résistent jusqu'au printemps. De ces œufs, comme l'a démontré Bonnet, naissent des pucerons femelles féconds qui recommencent dans leur année la même série des neuf générations rendues fécondes par un seul contact de l'agent vital.

Ce remarquable phénomène de l'action de l'agent vital sur deux manières, soit par l'existence d'un agent vital matériel transmis par la génération, demeurant à l'état latent comme une graine en repos dans la première descendance, pour se manifester à la seconde, soit par l'action de la seconde âme, c'est-à-dire d'un principe vital immatériel. Si l'on admet que l'agent séminal est la cause de la fécondation et des formes, ce qu'il est impossible de contester, il faut convenir que c'est la même puissance qui est le principe des formes et des monstruosités de la deuxième génération. Pour repousser cette conséquence, il faudrait admettre la divisibilité de la substance immatérielle du principe vital et soutenir qu'une de ses parties fait la vie de l'être présent, tandis que l'autre, restant d'abord immobile, ne se manifesterait que dans une seconde génération, ce qui est absurde. A moins de faire cette hypothèse, on doit voir dans l'atavisme une nouvelle preuve expérience du rôle exercé par le ferment séminal.

des générations successives s'observe sur le papillon dit *paquet de feuilles sèches* qu'on peut séquestrer à sa naissance et qui pondra des œufs tout fécondés, d'où sortiront des chenilles, des crysalides et de semblables papillons (Bernouilli); sur le papillon dit *Phalène des sapins* (Pallas); chez les abeilles enfin, qui par une seule fécondation pondent des œufs fécondés pendant toute l'année qui suit l'accouplement.

Telles sont les *lois générales et particulières* de la vie, ou plutôt telles sont les propriétés de l'agent physique de la vie dont nous avons démontré l'influence.

Comme propriété générale, il donne à toute matière vivante les trois attributs d'*impressibilité*, d'*autocinésie* et de *promorphose*, tandis que comme propriétés spéciales, il donne aux individus la forme spécifique, la taille, la couleur, la longévité, les déformations et les monstruosités de son origine, les maladies innées, toutes les diathèses, etc.

A ces lois dont l'action permanente entretient la vie de l'homme, des animaux et des végétaux, il est impossible de ne pas reconnaître l'existence de l'*agent vital*, et quand on ne veut pas rester dans les hauteurs de l'abstraction comme l'a fait Barthez dans ses *Éléments de la nature de l'homme* pour y faire une métaphysique que ne justifie pas l'observation, quand on étudie la nature de l'homme sur lui-même, dans son développement et dans son organisation, on voit qu'il n'y a pas de place pour l'hypothèse et que tout se déduit de l'expérience sagement raisonnée.

C'est dans la génération qu'il faut chercher et saisir les lois de la vie, puisque c'est de là que part l'impulsion vitale avec un agent qui s'incorpore, soit au germe, soit à la femelle, à l'état de force vive combinée à la substance du nouvel être, pour lui donner la forme qu'il devra maintenir contre les tendances destructives du dehors. De l'action séminale dépendent la fixité des espèces, la permanence des races et la variété des individus. Par elle l'homme est petit ou grand, valétudinaire ou vigoureux, éphémère ou vivace, sanguin ou bilieux, et si les influences extérieures viennent à modifier l'organisation, c'est encore par elle que l'être amélioré pourra voir sa descendance éviter les causes de mort qui entouraient son berceau. Maintenant quelle est la nature de cet agent? pouvons-nous le dire? A cet égard tout n'est encore qu'incertitude. La chose importante est de savoir que là est le véritable agent physique de la vie susceptible de dégénérer, sur lequel on peut avoir action et qu'on peut guérir pour épurer l'origine des générations nouvelles. Sa nature importe peu, car sans la connaître on peut agir sur l'agent lui-même, le modifier indirectement, et notre ignorance sur son mode d'action ne change rien au rôle qu'il faut lui faire jouer dans les phénomènes de la vie.

Pour moi cependant, s'il m'est permis de hasarder une opinion, je dirai qu'il faut considérer l'action séminale comme étant l'analogue de celle des ferments.

En effet, mélangé à la substance du germe placé en lieu convenable, celle-ci se met en mouvement, absorbe de l'oxygène, rejette l'acide carbonique (le fait est facile à constater sur l'œuf de la poule), s'échauffe, se divise et engendre une foule de cellules vivantes (1) formant bientôt une membrane

(1) Il n'y a pas de fécondation sans augmentation de température due à l'absorption de l'oxygène et à l'exhalation de l'acide carbonique. — Ainsi la fécondation des fleurs d'*Arum italicum*, d'*A. cordifolium*, d'*A. maculatum*, est accompagnée d'une élévation de température qui, d'après Lamarck, Hubert, Lennebier, peut aller jusqu'à 20 et 25 degrés au-dessus de la température ambiante. Dans la germination de l'orge où se fait également l'absorption

où paraîtront les rudiments du nouvel être. Combiné et dilué à cette substance, toutes les cellules qui se sont formées et d'où sortent les organes, en conservent un atome qui les vivifie d'une façon identique et particulière, ce qui forme déjà les diathèses. Pour toujours cette inhibition aura de l'influence sur la nutrition de l'individu, et tant qu'il vivra ce ferment qui est dilué partout, continuera d'appeler à lui les matières organiques pour maintenir la forme des organes, comme primitivement il avait appelé ces matières pour les créer et les constituer selon le type spécifique. C'est à ce point que dans les êtres inférieurs coupés en morceaux, le ferment contenu dans chaque partie recomplète l'animal en lui donnant ce qui lui manque (1). (La tête du limaçon, l'œil ou le bras de la salamandre, la queue du lézard, la moitié des planaires, les membres des polypes, etc., se repro-

d'oxygène et une exhalation d'acide carbonique assez considérable pour asphyxier les brasseurs si les germiers ne sont pas bien disposés, il y a également une notable élévation de température.

C'est la même chose dans l'incubation de l'œuf fécondé des oiseaux; sous ce rapport la fermentation, la germination et l'incubation présentent des phénomènes de calorification semblables dus à la même cause.

(1) Les transplantations osseuses obtenues au moyen de lambeau de périoste d'un animal porté dans un autre, les greffes animales et végétales si faciles à réaliser, la segmentation des animaux dont les fragments reproduisent un animal entier ou seulement une des parties enlevées quand elle n'est pas trop importante, prouvent bien que le principe de la vie est divisible et sa nature matérielle. Qu'on essaie donc de supposer la *divisibilité de l'âme raisonnable*, telle que Stahl, et tout récemment M. Bouillier l'ont comprise comme le principe des opérations de la vie. Qu'on imagine même de justifier la production du phénomène au moyen

duisent après leur ablation au moyen de l'instrument tranchant.) Chez l'homme il n'en est pas ainsi, mais l'agent vital refait les parties au fur et à mesure que les décompose le mouvement d'absorption interstitielle, répare les parties blessées, et c'est quand il cesse d'agir naturellement ou accidentellement, que toute fermentation venant à s'interrompre on voit arriver la mort (1).

L'agent vital incorporé à la matière vivante des germes ne met cette matière en mouvement, c'est-à-dire en fermentation que sous l'influence de la chaleur, de l'air, quelquefois de la lumière ou d'une certaine humidité. Sans cela la vie reste en puissance pendant des mois, pendant des années ou pendant des siècles. Ainsi l'œuf fécondé des oiseaux a besoin d'être couvé à l'air ; les œufs d'insectes n'éclosent qu'à une certaine température ; il faut aux graines de l'eau et de la chaleur, et les graines de blé recueillies dans des

du principe vital abstrait de Barthez, c'est-à-dire l'âme de seconde majesté de Lordat, et on verra bientôt à quelles absurdes conséquences on est fatalement conduit. La matérialisation de l'agent physique de la vie distinct de l'organisation, est le seul moyen d'expliquer scientifiquement la segmentation des êtres, leur reproduction et la régénération des parties coupées.

(1) Un atome de matière séminale suffit pour mettre en mouvement la matière des germes, et il est bien évident qu'il ne s'agit pas ici de combinaisons chimiques semblables aux combinaisons de la matière inorganique. L'examen attentif démontre, au contraire, qu'il s'agit là d'une action de contact dans laquelle une quantité infinitésimale de ferment séminal, vient s'allier au ferment contenu dans la substance femelle, produit sa décomposition et la formation de cellules vivantes dont l'évolution ultérieure forme un être qui, semblable à la fleur féconde, reproduira dans un avenir éloigné la matière séminale elle-même ou la substance des germes indispensables aux générations suivantes.

momies d'Egypte vieilles de 3,000 ans, ne sortent de leur torpeur que lorsqu'elles sont échauffées et humectées de façon suffisante. Tous les ferments sont de même. La levure de bière ou *cérévisique*, la levure malique et les autres n'entrent en action, c'est-à-dire, ne se reproduisent que sous l'influence de l'air, de la lumière et de la chaleur. Hors de là ces organismes ferments se détruisent ou gardent la vie en puissance. C'est la même loi pour tous les infusoires végétaux et animaux. Aucun ne se développe s'il n'y a pas autour d'eux une certaine quantité de chaleur. Il y a même quelque chose de plus à dire dans cet ordre d'idées.

L'agent vital, ou si l'on veut le ferment qui favorise le développement des êtres dans une certaine température et dans une certaine humidité, peut cesser d'agir si on lui enlève l'eau et la chaleur nécessaires, et cela se peut sans que la mort arrive. Ainsi, les rotifères et les anguillules des toits, desséchés et soumis à une température de 100°, peuvent revivre et refermenter dès qu'on les humecte. La vie passe de l'acte à la puissance et de la puissance à l'acte avec une grande facilité. Des poissons enfermés dans des blocs de glace ont pu revivre au dégel, et la putréfaction s'arrête par le froid.

L'agent vital se conduit donc chez certains animaux et dans beaucoup d'êtres inférieurs comme un véritable ferment soumis aux mêmes conditions extérieures de développement, savoir l'influence de l'air, de l'eau, de la lumière et de la chaleur.

Voilà pour l'action de la substance. Quant à sa composition, c'est une matière azotée, vivante, remplie de microzoaires, se reproduisant plus tard dans le nouvel être et dont le contact avec la cellule femelle produit le mouvement, l'absorption, l'intussusception et l'exhalation, la formation de nouvelles cellules vivantes, variées à l'infini selon les organes qu'elles sont appelées à former, et par lesquelles se caractérise l'individu.

Nous n'insisterons pas davantage sur l'énoncé de cette opinion pour la première fois produite par Van-Helmont et à laquelle il n'a manqué que la sanction d'expérience que nous ne connaissons que depuis peu, grâce aux travaux des chimistes modernes et principalement de Berzélius, de Dumas, de Liébig et de Pasteur. Ce sera l'objet d'un autre travail qu'on lira à la fin de cette histoire des doctrines médicales, lorsque nous montrerons la nécessité de ne faire qu'une seule doctrine des trois éléments de la nature de l'homme, l'*âme*, *l'agent vital* et *l'organisation*. Nous n'en avons parlé ici que d'une façon abrégée pour faire ressortir l'erreur dans laquelle est tombé Barthez, qui a doté l'homme de deux âmes, l'une ayant le nom de principe vital, sans se douter que les objections faites à l'influence de la première dans les actes matériels de la vie, s'adressaient également à l'influence de la seconde. En fait de principe vital, il n'y en a qu'un de compréhensible et de vraiment démontré par l'observation après l'influence de l'âme raisonnable, c'est l'agent matériel qui s'incorpore à la matière des germes pour la mettre en mouvement. Celui-là au moins se voit, s'analyse, se connaît, se poursuit dans tous les phénomènes, et si ce n'est pas encore l'organisation, c'est du moins l'agent chargé de la réaliser. C'est l'intermédiare entre le principe matériel de l'homme et la substance qui le constitue, aussi distinct de l'un que de l'autre, véritable puissance dont la médecine n'a pas suffisamment étudié les effets (1).

(1) L'agent vital n'est pas la vie. C'en est la condition matérielle première, comme chez l'homme le *nœud vital* trouvé par M. Flourens en est la condition organique seconde. En effet, l'homme vit

Au reste ce n'est pas seulement chez l'homme et en ce qui touche la nature de cet acte privilégié que la question a de l'importance. Quand on étudie en philosophe plutôt qu'en médecin les phénomènes de la vie, et qu'on observe ce qui se passe dans la multiplication de tous les êtres vivants, animaux, végétaux, zoophytes et infusoires, on voit que partout la matière vivante offre les mêmes attributs (impressibilité, autocinésie, promorphose) indépendants de toute structure apparente, et que ces attributs sont le résultat de l'agent vital incorporé à cette matière.

Qu'on multiplie les observations, et toujours on verra que l'agent séminal dépositaire de la loi de fixité des espèces est le seul principe physique de la formation des races et de leurs variétés; que dans l'individu, c'est elle qui fait et conserve la forme extérieure, que par elle on fait des animaux pourvus des qualités de taille, de chair, de couleur, de produits qu'on désire; qu'on multiplie les poissons et les mollusques à volonté, qu'on fait des fruits plus savoureux, enfin que dans certaines limites on modifie les lois de la nature de la façon la plus surprenante. De si importants résultats, ne sauraient passer inaperçus et rester sans signification. Or l'enseignement qui résulte de cette étude des phénomènes de la vie dans tous les êtres vivants, c'est qu'un agent de nature matérielle, probablement de la nature des ferments, variable dans chaque espèce, est la cause de toute génération ovulaire gemmipare ou fissipare. C'est là un fait de premier ordre et

avant d'avoir ce nœud vital qu'on ne peut toucher sans amener la mort foudroyante, et c'est l'agent vital préparé par la vie d'un être antérieur qui forme ce nœud sans lequel la vie de l'homme adulte est impossible.

qui fera désormais rentrer l'étude de la vie dans le domaine de l'observation, dégagée de toute hypothèse.

Cette manière de voir diffère profondément de celle de Barthez qui a fait du principe vital quelque chose d'immatériel, d'abstrait, de surnaturel, comme l'âme raisonnable, et pour lequel il faut invoquer le secours de la foi au moins autant que les lumières de l'expérience. Elle se rapproche davantage de la théorie de Stahl qui, en considérant l'âme comme la première cause de la vie, lui accorde pour son usage un mécanisme plus ou moins compliqué avec des organes doués de propriétés spéciales. La différence porte sur le mécanisme que nous faisons double et qui renferme : 1° l'*agent* de sa formation et de son entretien, 2° l'*organisation elle-même*, qui avec ses besoins possède la faculté de les satisfaire.

Barthez a dédoublé l'âme pour attribuer à la seconde les facultés de la vie ; ce n'est qu'une hypothèse, tandis que moi je dédouble l'organisation en montrant quel est l'agent physique de son évolution et de ses attributs. Au lieu de vouloir saisir l'agent vital dans la forme immatérielle de l'âme raisonnable, ce qui me paraît prétendre courir dans le vide pour arrêter une ombre, je le démontre dans l'organisation, uni à elle comme l'ingénieur à sa machine ou comme le ferment dans la pâte dont nous faisons le pain.

Voilà l'école de Paris et voilà l'école de Montpellier.

E. Bouchut.

www.ingramcontent.com/pod-product-compliance
Lightning Source LLC
Chambersburg PA
CBHW060704050426
42451CB00010B/1255